LER É UMA GOSTOSURA

16ª impressão

PARA MINHA AVÓ LOGAN, QUE ME APRESENTOU
O LIVRO OVOS VERDES E PRESUNTO.
EU TE AMO MUITO,

TODD.

© Todd Parr

Esta edição foi publicada com a autorização da Little, Brown and Company (Inc.), Nova York, NY, EUA. Todos os direitos reservados.

Direção editorial
Marcelo Duarte
Patth Pachas
Tatiana Fulas

Diagramação
Kiki Millan

Impressão
Corprint

Gerente editorial
Vanessa Sayuri Sawada

Assistentes editoriais
Henrique Torres
Laís Cerullo

Assistente de arte
Samantha Culceag

CIP – BRASIL. CATALOGAÇÃO NA FONTE
SINDICATO NACIONAL DOS EDITORES DE LIVROS, RJ

Parr, Todd
Ler é uma gostosura/ Todd Parr; [tradução Tatiana Fulas]. São Paulo: Panda Books, 2009. 32 pp.

Tradução de: Reading makes you feel good

ISBN: 978-85-7888-001-9

1. Livros e leitura – Literatura infantil. I. Fulas, Tatiana. II. Título.

08-5290   CDD: 028.5
     CDU: 087.5

2024
Todos os direitos reservados à Panda Books.
Um selo da Editora Original Ltda.
Rua Henrique Schaumann, 286, cj. 41
05413-010 – São Paulo – SP
Tel./Fax: (11) 3088-8444
edoriginal@pandabooks.com.br
www.pandabooks.com.br
Visite nosso Facebook, Instagram e Twitter.

Nenhuma parte desta publicação poderá ser reproduzida por qualquer meio ou forma sem a prévia autorização da Editora Original Ltda. A violação dos direitos autorais é crime estabelecido na Lei nº 9.610/98 e punido pelo artigo 184 do Código Penal.

LER É UMA GOSTOSURA PORQUE...

SOBRE NOVOS LUGARES E PESSOAS

VOCÊ PODE FAZER

NOVOS AMIGOS

E VOCÊ PODE FAZER ISSO EM QUALQUER LUGAR!

VOCÊ PODE APRENDER

VOCÊ PODE ENCONTRAR SEU

VOCÊ PODE FAZER ALGUÉM SE SENTIR

MELHOR SE ESTIVER DOENTE

VOCÊ PODE VIAJAR PARA

LUGARES BEM DISTANTES

VOCÊ PODE FAZER

TUDO ISSO SOZINHO

VOCÊ PODE APRENDER A CUIDAR

VOCÊ PODE LER

AS PLACAS NAS RUAS

E VOCÊ PODE FAZER ISSO

EM QUALQUER LUGAR!

A LEITURA É MUITO IMPORTANTE! QUANDO VOCÊ LÊ SOZINHO OU ACOMPANHADO, O LIVRO TE AJUDA A APRENDER E A DESCOBRIR NOVAS COISAS. JUNTE-SE A ALGUÉM ESPECIAL E LEIA UM LIVRO. VOCÊ VAI SE SENTIR MUITO BEM.
COM AMOR,
TODD.

P. S.: VEJA SE VOCÊ CONSEGUE LER TODAS AS PALAVRAS QUE COLOQUEI NAS ILUSTRAÇÕES.